# 30 DÍAS

## CAMBIA DE HÁBITOS, CAMBIA DE VIDA

# LIBRO DE EJERCICIOS

MARC REKLAU

## Advertencia

Este libro está diseñado para proporcionar información y motivación para nuestros lectores. Se vende con el bien entendido de que el autor no se dedica a prestar ningún tipo de consejo psicológico, legal o ningún otro tipo de asesoramiento profesional. Las instrucciones y consejos en este libro no pretenden ser un sustituto para el asesoramiento. El contenido de cada capítulo es la sola expresión y opinión de su autor. No hay ninguna garantía expresa o implícita por elección del editor o del autor incluida en ninguno de los contenidos en este volumen. Ni el editor ni el autor individual serán responsables de los daños y perjuicios físicos, psicológicos, emocionales, financieros o comerciales, incluyendo, sin exclusión de otros, el especial, el incidental, el consecuente u otros daños. Nuestros puntos de vista y derechos son los mismos:
Tienes que probarlo todo por ti mismo de acuerdo con tu propia situación, talentos e inspiraciones.
Eres responsable de tus propias decisiones, elecciones, acciones y resultados.

Marc Reklau

Visita mi web: www.marcreklau.com

ISBN-13: 978-1548608934
ISBN-10: 1548608939

**"El inicio es la parte más importante del trabajo."**
**Platón**

MARC REKLAU

# 1
# ¿Estas listo para reescribir tu historia?

Esto empieza aquí. Contesta las preguntas y haz los pasos de acción. Hazlo a tu ritmo.

Si has leído el libro sabes que unos pasos pequeños hecho con constancia y perseverancia te llevarán lejos. Muy lejos.
¡A por tus éxitos!

# 2
# Autodisciplina y compromiso

**Preguntas poderosas:**

¿En qué área(s) te está faltando autodisciplina ahora mismo? Sé totalmente honesto.

¿Que beneficios obtendrías si tuvieses más autodisciplina?

¿Cuál será tu primer paso hacia el logro de tu objetivo?

Apúntate un plan de acción de pequeños pasos. Ponte fechas límite.

¿Cómo sabrás que has logrado tu objetivo de tener más autodisciplina en _____?

# 3
# ¡Hazte responsable de tu vida!

## Preguntas poderosas

¿A quién estás culpando por tu situación de vida en este momento? (¿Tu socio? ¿Tu jefe? ¿Tus padres? ¿Tus amigos?)


¿Qué pasaría si dejaras de culpar a los demás de lo que te pasa en tu vida?


¿Es cómodo para ti ser la víctima? ¿Qué beneficios tiene para ti actuar como una víctima?


¿Qué pasaría si dejaras de sufrir en tu vida y tomaras la decisión de cambiarlo?


¿Dónde podrías empezar y cómo empezarías?


## Paso de acción:

Escribe cinco cosas que puedes hacer en la próxima semana para empezar a cambiar el curso y comenzar a tomar las riendas de tu vida.

# 4
# ELECCIONES Y DECISIONES

## TU ACTITUD + TUS DECISIONES = TU VIDA

**Preguntas poderosas:**

¿Qué decisiones podrías tomar para iniciar un cambio?

¿Vas a elegir ser más flexible? ¿Más positivo? ¿Más feliz?

**Pasos de acción:**

1) Anota por lo menos tres cambios que vas a realizar hoy mismo:

1 _____

2_____

3_____

2) Lee el libro de Viktor Frankl "El hombre en busca de sentido"

# 5
# ELIGE TUS PENSAMIENTOS

## Paso de acción:

Trata de no tener pensamientos negativos durante 48 horas. Bloquéalos desde el primer momento y sustitúyelos por pensamientos positivos de amor, paz y compasión. Aunque parezca difícil al principio, persiste. Se hace más fácil con el tiempo. Haz esto durante 5 días y, finalmente, durante una semana.

## Pregunta poderosa:

¿Qué ha cambiado en tu vida desde que empezaste a pensar en positivo?

# 6
# ¿QUÉ CREES?

**Te recomiendo altamente que abandones creencias limitantes como:**
• Uno nunca puede ser completamente feliz, algo falla siempre.
• La vida es dura.
• Sólo la gente débil muestra emociones.
• La oportunidad sólo llega una vez.
• Estoy indefenso y no tengo ningún control sobre mi vida.
• No me lo merezco.
• Nadie me quiere.
• No puedo.
• Es imposible.

**Entonces introduce algunas creencias poderosas como:**
• Yo creo mi destino.
• Nadie me puede hacer daño si yo no lo permito.
• ¡La vida es fantástica!
• Todo en la vida pasa por alguna razón.
• Todo saldrá bien.
• ¡Sí puedo!

**Preguntas poderosas:**
¿Qué creo que es verdad acerca de mí mismo?


¿Cuáles son mis creencias acerca del dinero?


¿Cuáles son mis creencias acerca de mis relaciones?


¿Cuáles son mis creencias acerca de mi cuerpo?

**Para cambiar una creencia, sigue este ejercicio y dite a ti mismo:**

1) Eso sólo es mi creencia sobre la realidad. Esto no significa que sea la realidad.

2) Aunque lo creo, no es necesariamente cierto.

3) Crea emociones opuestas a la creencia.

4) Imagínate lo opuesto.

5) Sé consciente de que la creencia es sólo una idea que tienes sobre la realidad y no la realidad.

6) Durante sólo 10 minutos por día, ignora lo que parece la verdad y actúa como si tu deseo se hubiese cumplido. (Imagínate gastando dinero, estando de buena salud, más exitoso, etc.)

**Ejercicio alternativo:**

1) Escribe la creencia limitante.

2) Acuérdate de la secuencia creencia-emoción-acción-resultado.

3) Para obtener un resultado diferente y deseado, ¿cómo tendrías que actuar?

4) ¿Cómo tendrías que sentirte para actuar de modo diferente y obtener un resultado diferente?

5) ¿Qué tendrías que creer para sentirte diferente, actuar de modo diferente y obtener un resultado diferente?

# 7
# LA IMPORTANCIA DE TU ACTITUD

**Paso de acción:**
Piensa en una situación negativa y dale la vuelta. Busca lo positivo.

# 8
# LA PERSPECTIVA LO ES TODO

**Paso de acción:**
Anota por lo menos cinco situaciones en tu vida que considerabas negativas y que, sin embargo, con el tiempo, viste claramente que te han aportado algo bueno.

# 9
# ¡TEN PACIENCIA Y NUNCA TE RINDAS!

**Paso de acción:**

**El hábito de la persistencia se construye de la siguiente manera:**

1. Ten un objetivo claro y el deseo ardiente de lograrlo.

2. Haz un plan claramente definido y ponlo en práctica con pasos de acción diarios.

3. Sé inmune a todas las influencias negativas y desalentadoras.

4. Ten un sistema de apoyo de una o más personas que te animen a seguir adelante con tus acciones y a perseguir tus metas.

# 10
# APRENDE LA MENTALIDAD "EDISON"

**Preguntas poderosas:**
¿Has tenido algún fracaso en los últimos años?

¿Qué has aprendido de la experiencia?

¿Qué es lo positivo que has sacado de ello?

# 11
# ¡SIÉNTETE CÓMODO CON EL CAMBIO Y EL CAOS!

**Pasos de acción:**
1) Haz algo que te incomode ligeramente cada día.

2) ¿Qué cambiarás mañana? ¿Tu rutina diaria? ¿Harás ejercicio? ¿Comerás más sano?

# 12
# ¡CONCÉNTRATE EN LO QUE QUIERES Y NO EN LO QUE TE FALTA!

**Paso de acción:**
**Utiliza las siguientes preguntas para cambiar tu foco:**

¿Cómo puedo mejorar esta situación?

¿Qué tengo en mi vida que pueda agradecer?

¿Qué va muy bien en mi vida ahora mismo?

¿De qué podría estar muy feliz ahora mismo si quisiera?

¿Esto todavía tendrá importancia en 10 años?

¿Qué es genial de este reto? ¿Cómo lo puedo utilizar para aprender de él?

¿Qué puedo hacer para mejorar las cosas?

# 13
# CUIDADO CON TUS PALABRAS

**Paso de acción:**

Realmente puedes cambiar tu vida cambiando tu lenguaje, hablando de manera positiva contigo mismo y empezando a hacerte preguntas diferentes. ¿Por qué esperar? ¡Empieza YA!

¿Que harás para cambiar tu dialogo interior?

# 14
# ¡NUEVOS HÁBITOS, NUEVA VIDA!

**Paso de acción:**
**Introduce diez hábitos que quieres cambiar en los próximos tres meses:**

1.

2.

3.

4.

5.

6.

7.

8.

9.

10.

**Ejemplos:**
• Hacer ejercicio 3 veces por semana.
• Centrarse en lo positivo.
• Trabajar en sus objetivos durante 30 minutos cada día.
• Dar un paseo.
• Pasar más tiempo con sus familias y sus amigos.
• Comer más fruta y verdura.
• Leer 30 minutos cada día.
• Dedicar 15 minutos a ellos mismos cada día, etc.

¡Es útil tener una representación visual! ¡Y no olvides recompensarte por tus éxitos!

# 15
# CONÓCETE A TI MISMO

El primer paso antes de cambiar tu vida es tomar conciencia de dónde estas y de qué te hace falta. **Por favor, tómate un tiempo y contéstate las siguientes preguntas honestamente.**

¿Qué sueños tienes en la vida?

¿Al final de tu vida, de no haber hecho qué para ti mismo piensas que te arrepentirías más?

Si el dinero y el tiempo no importaran, ¿qué te gustaría hacer, ser o tener?

¿Qué te motiva en tu vida?

¿Qué te limita en tu vida?

¿Cuáles han sido tus victorias más grandes en los últimos 12 meses?

¿Cuáles han sido tus mayores frustraciones en los últimos 12 meses?

¿Qué haces para complacer a los demás?

¿Qué haces para complacerte a ti mismo?

¿Qué simulas no saber?

¿Que ha sido el mejor trabajo que has hecho en tu vida hasta hoy?

¿Cómo sabes exactamente que éste ha sido tu mejor trabajo?

¿Cómo ves el trabajo que haces hoy en comparación con el que hacías hace 5 años? ¿Cuál es la relación entre el trabajo que haces ahora y el trabajo que hacías entonces?

¿De qué parte de tu trabajo disfrutas más?

¿De qué parte de tu trabajo disfrutas menos?

¿Qué actividad o cosa sueles aplazar?

¿De qué estás verdaderamente orgulloso?

¿Cómo te describirías a ti mismo?

¿Qué aspectos de tu conducta piensas que deberías mejorar?

En este momento, ¿cómo describirías tu nivel de compromiso con el éxito en tu vida?

En este momento, ¿cómo describirías tu estado general de bienestar, energía y autocuidado?

En este momento, ¿cómo describirías cuánto te diviertes o cuánto placer estás experimentando en tu vida?

Si pudieras quitarte un miedo de una vez para siempre, ¿cuál sería?

¿En qué área de tu vida deseas más tener un verdadero avance?

# 16
# ¡CONOCE TUS 4 VALORES MÁS IMPORTANTES!

**Preguntas poderosas:**

¿Qué es muy importante en tu vida?

¿Qué te da un propósito en la vida?

¿Qué sueles estar haciendo cuando experimentas una sensación de paz interior?

¿Qué te gusta tanto que, cuando lo haces, sueles perder la noción del tiempo?

¿A quién admiras? ¿Por qué? ¿Qué tipo de cualidades que ellos tienen admiras?

¿Con qué actividades disfrutas más?¿Qué tipo de momentos te traen alegría y plenitud?

¿Qué no puedes aguantar?

## Visualización:

Tómate un tiempo. Cierra los ojos y relájate.

Imagina que es tu 75.º aniversario. Te han montado un fiestón. Estás paseando por tu casa. Todos tus amigos y familiares están presentes. ¿Qué te gustaría que la persona más importante en tu vida, tu mejor amigo y un miembro de la familia dijeran de ti? Escríbelo.

1) La persona más importante en tu vida dice...

2) Tu mejor amigo dice...

3) Tu (familiar) dice...

# LISTA DE VALORES

De esta lista escoge 10. Quizás ves que puedes agrupar algunos valores. Quizás tienes uno que no está en la lista - entonces apuntalo. Luego reduce la lista a tus cuatro valores más importantes.

| | | |
|---|---|---|
| Adaptabilidad | Estabilidad | Reconocimiento (respeto y |
| Afecto | Estatus social | Relaciones de calidad |
| Amistad | Estatus intelectual | Relaciones personales |
| Aprendizaje continuo | Ética | Religión |
| Autoestima | Fama | Respeto |
| Ayudar a la sociedad | Familia | Reputación |
| Ayudar a los demás | Fiabilidad | Responsabilidad |
| Belleza (física) | Honestidad | Reto |
| Beneficio económico | Honor | Riqueza |
| Calidad | Humildad | Sabiduría |
| Cambio y variedad | Influir en los demás | Salud |
| Competitividad | Innovación | Seguridad |
| Comodidad | Integridad | Seguridad económica |
| Compromiso | Involucración | Ser competente, ser Eficiente |
| Comunicación | Lealtad | Serenidad |
| Conocimiento | Liderazgo | Ser útil |
| Consciencia ecológica | Logro | Servicio a los demás |
| Control | Mérito | Sofisticación |
| Cooperación | Motivación | Supervisar o enseñar a otros |
| Creatividad | Naturaleza | Trabajar bajo presión |
| Crecimiento | Orden | Trabajar con otros |
| Dedicación | Placer | Trabajo con significado |
| Democracia | Poder y autoridad | Trabajo fácil |
| Desarrollo personal | Posición social | Trabajar solo |
| Desarrollo profesional | Precaución, evitar riesgos | Tranquilidad en el trabajo |
| Dialogo | Pasión | Trascender, dejar un legado |

Mis 4 valores más importantes son:

1)_____

2)_____

3)_____

4)_____

# 17
# CONOCE TUS FORTALEZAS

No tienes que ser bueno en todo. Concéntrate en tus puntos fuertes. Recuerda que aquello en lo que te enfocas tiende a expandirse. ¿Qué se te da bien? Ha llegado el tiempo para averiguarlo, ¿no? Así que empezamos:

**Pasos de Acción:**

**Apunta tus CINCO cualidades personales y fortalezas profesionales a continuación:**
(¿Cuáles son sus puntos fuertes? ¿De qué estás más orgulloso? ¿Qué es lo que mejor sabes hacer?)

_____

_____

_____

_____

**Apunta tus logros más significativos —tanto personales como profesionales—:**
(¿De cuál de tus logros estás más contento y orgulloso?)

_____

_____

_____

_____

**Apunta otros activos:**

(¿A quién conoces? ¿Qué sabes? ¿Qué talentos y dones tienes?
¿Qué te hace único y poderoso?)

_____

_____

_____

_____

Una vez que conozcas tus puntos fuertes, es tiempo de fortalecerlos. Practícalos y concéntrate en ellos. Los que tienes y los que quieres tener

**Paso de acción #2:**

Si te atreves, manda un correo electrónico a 5 amigos y/o compañeros de trabajo, y pregúntales cuáles consideran tus mayores fortalezas. ¡Esto puede ser bastante inspirador y un verdadero impulso para tu autoestima!

# 18
# HONRA TUS LOGROS DEL PASADO

**Paso de acción:**

1) Haz una lista de los mayores logros que has conseguido en tu vida.

2) ¡Léelos en voz alta y permítete sentirte fantástico por lo que has conseguido!

# 19
# ¡ESCRIBE TUS OBJETIVOS Y LÓGRALOS!

**Preguntas poderosas:**

1) ¿Cómo quieres que sea tu vida dentro de **10 años**? ¡No hay límites! ¡Piensa en grande!

2) ¿Qué tienes que haber logrado en **5 años** para acercarte a tu objetivo para dentro de 10 años?

3) ¿Qué tienes que haber logrado en **1 año** para acercarte a tu objetivo para dentro de 5 años?

4) ¿Qué tienes que haber logrado en **3 meses** para acercarte a tu objetivo para dentro de 1 año?

5) ¿Qué primeros pasos puedes hacer **AHORA** para lograr tu objetivo para dentro de 3 meses?

**Paso de acción:**
Apunta al menos tres cosas y ¡HAZLAS!

# 20
# ¡EL PRÓXIMO!

**Preguntas poderosas:**
¿Qué te llevas de este capítulo?

¿Cómo vas a lidiar con el rechazo de ahora en adelante?

# 21
# EVITA LOS LADRONES DE ENERGÍA

**Vuélvete muy egoísta en la forma de gestionar tu energía:**
• Elimina todas las distracciones.
• Termina tus asignaturas pendientes.
• Trabaja sobre tus tolerancias. (Mira el capítulo 29)
• Diles adiós a todas las personas y relaciones que te roban energía.

**Preguntas poderosas:**
¿Cuáles son los ladrones de energía en tu vida?

¿Qué vas a hacer al respecto?

# 22
# GESTIONA TU TIEMPO

**Paso de acción**

Rellena el espacio:
**"No tengo tiempo para _____"**.

**Preguntas poderosas:**

¿Qué vas a hacer a partir de ahora?

**¿Vas a insistir en la excusa de que no tienes tiempo** o vas a empezar a hacer tiempo con una pequeña cosa a la vez y a experimentar el cambio por ti mismo?

¿Qué vas a hacer? ¡Recuerda que todo depende de las decisiones y hábitos!

**Paso de acción #2:**
Escribe 5 cosas que harás a partir de ¡AHORA!

# 23
# ¡EMPIEZA A ORGANIZARTE!

## Paso de acción:

- Utiliza los primeros 15 minutos de tu día de trabajo priorizando qué hacer.
- Utiliza una hora a la semana para organizar y archivar documentos.
- Utiliza 15 minutos al día para tirar papeles y limpiar tu escritorio
- Utiliza los últimos 15 minutos de tu día de trabajo para revisar tus tareas para mañana. ¿Qué es importante? ¿Qué es urgente?
- Utiliza la bandeja de entrada del correo electrónico como una lista de tareas pendientes. las tareas resueltas se archivan y las tareas sin resolver se quedan en la bandeja de entrada.
- Si hay mensajes de correo electrónico y tareas que puedas hacer en menos de 5 minutos, ¡siempre hazlas de inmediato! ¡SIEMPRE!
- No aceptes ninguna nueva tarea hasta que todo esté bajo control.
- Haz el trabajo bien a la primera para que no vuelva a perseguirte y para que no te cueste  más tiempo después.

## Pergunta poderosa:
¿Cuál de los consejos aplicarás primero?

# 24
# DILES "NO" A ELLOS Y "SÍ" A TI MISMO

**Preguntas poderosas:**

¿Estás viviendo tu propia vida o estás tratando de complacer y satisfacer las expectativas de los demás?

¿A quién y a qué vas a empezar a decir "NO", comenzando AHORA MISMO?

**Paso de acción:**

¡Hazte una lista de todas las cosas que vas a dejar de hacer!

# 25
# ¡LEVÁNTATE TEMPRANO Y DUERME MENOS!

**Preguntas poderosas:**

¿Levantarte o darle al botón de repetición de alarma? ¿Que es la decisión que tomas?

¿Cuánta importancia tiene una mejor forma de vida y disponer de más tiempo para ti?

# 26
# EVITA LOS MEDIOS DE COMUNICACIÓN

**Paso de acción:**
Controla la información a la que estás expuesto. Asegúrate de que añade algo a tu vida. En lugar de mirar telebasura, mira un documental o una comedia. En lugar de escuchar las noticias en tu coche, escucha un audiolibro o CD de motivación.

# 27
# ¿"TIENES QUE" O "ELIGES"?

**Paso de acción:**

Tengo que _____A_____.
Si no hago _____A_____, entonces pasará _____B_____.
Y, si _____B_____, entonces _____C_____ y _____D_____ y
_____E_____, y, entonces, _____Z_____.

Prefiero _____A_____ a _____Z_____. Por eso, elijo
_____A_____.

**Paso de acción:**

Haz tu lista de "deberías" y déjalos ir, o reformúlalas como "elijo"
o "decido".

# 28
# ¡ENFRÉNTATE A TUS MIEDOS!

**Responde las siguientes preguntas:**

1) ¿Qué te impide vivir la vida que quieres vivir?

2) ¿Qué excusas pones para justificar mantenerte donde estás ahora?

3) ¿Qué es lo peor que puede pasar si haces lo que temes hacer?

4) ¿Vale la pena pagar el precio?

# 29
# ELIMINA TODO LO QUE TE MOLESTA

## Paso de acción:

Haz una lista de todas las cosas que te molestan. En tu vida privada, en tu trabajo, en tu casa, en tus amigos, en ti mismo, etc. Empieza a trabajar como mencionado en el libro.

# 30
# LIMPIA TU ARMARIO

**Paso de acción:**
¡Programa un fin de semana y deshazte de todo lo que no necesitas más!
**¡PROGRAMA EL FIN DE SEMANA YA!**

# 31
# EL ORDEN Y LAS TOLERANCIAS VAN DE LA MANO

**Paso de acción:**
Vuelve a leer este capitulo para ver el gran impacto que tiene poner orden

# 32
# LA HORA MÁS IMPORTANTE...

**Preguntas poderosas:**

¿Cómo serán tus mañanas desde ahora?

¿Te vas a levantar 30 minutos antes y desarrollarás un pequeño ritual?

¿Cuáles serán tus últimas actividades antes de ir a dormir?

# 33
# ENCUENTRA TU PROPÓSITO Y HAZ LO QUE AMAS

**Preguntas poderosas:**
¿Quién soy? ¿Por qué estoy a aquí? ¿Por qué existo?

¿Qué es lo que realmente quiero hacer con mi vida?

¿En qué momentos me siento inmensamente vivo?

¿Cuáles han sido los momentos culminantes de mi vida?

¿Qué estoy haciendo cuando el tiempo pasa volando? ¿Qué es lo que me inspira?

¿Cuáles son mis mayores fortalezas?

¿Qué haría si tuviese el éxito garantizado?

¿Qué haría si tuviese diez millones de dólares, siete casas, y hubiese viajado alrededor del mundo?

**Paso de acción:**
Mira el vídeo "What if money was no object?" (3:04) en YouTube.

# 34
# DA UN PASEO CADA DÍA

**Siempre que sea posible, sal y pasa tiempo en la naturaleza. Sal a caminar y conecta con ella. Ve una puesta de sol o un amanecer.**

**Paso de acción:**
Apúntate tres paseos en tu agenda esta semana. Después haz lo mismo la semana que viene y la otra también.

# 35
# ¿CUALES SON TUS ESTÁNDARES?

**Pasos de acción:**
Apúntate las siguientes cosas:

1) Cosas que ya no aceptarás en tu vida.

2) Todas las conductas de otros que ya no vas a tolerar más.

3) Todas las cosas en las que te quieres convertir.

# 36
# ADOPTA UNA "ACTITUD DE GRATITUD"

**Paso de acción:**

1) Haz una lista de todo lo que tienes en tu vida por lo que estás agradecido. Anota todo lo que puedas pensar, ¡TODO! (Esto debería ser una lista larga.)

2) Durante 21 días, todos los días, escribe de 3 a 5 cosas que agradeces de ese día en tu diario. Antes de ir a dormir, revive los momentos. Revive la felicidad. (Utiliza un cuaderno extra)

# 37
# LA MAGIA DE LA VISUALIZACIÓN

**La visualización es un recurso fundamental en la construcción de experiencias.**

**Paso de acción:**
Imagínate vivamente con tus metas ya cumplidas. Siéntelos, huélelos, escúchalos. Haz esto cada día durante 30 días. Utiliza el libro para instrucciones.

# 38
# ¿Y SI...?

**Paso de acción:**
Haz una lista de todos tus miedos y "¿Y si...?" negativos, y luego les das la vuelta.

# 39
# SUELTA EL PASADO

**Paso de acción:**

¿Qué es lo que no está completo en tu vida?

**¡Haz una lista y trabaja en ello! Completala o tirala y suelta.**

# 40
# ¡CELEBRA TUS VICTORIAS!

**Preguntas poderosas:**

¿Con que te vas a recompensar para tu progreso que has hecho hasta ahora?

¿Vas a ir al SPA o tener una bonita cena? ¿Vas a dar un paseo?

**Paso de Acción:**

Haz tormenta de ideas, y escribe cinco maneras de recompensarte por tus pequeñas y grandes victorias a continuación:

1._____

2._____

3._____

4._____

5._____

# 41
# ¡SÉ FELIZ AHORA!

## Preguntas:

¿Qué es la felicidad para ti? (Sé específico.)

¿Cuántas sonrisas has regalado esta semana?

¿Cuántas veces te han sonreído?

## Paso de acción:

¿Recuerda los momentos que te han hecho más feliz en tu vida?
Apunta al menos 5 momentos que te han hecho sentirte
excepcionalmente genial:

1._____

2._____

3._____

4._____

5._____

**Vuelve a vivir estos momentos con todas las emociones y
sensaciones. ¿Como se siente?**

# 42
# ¡LO DE LA MULTITAREA ES MENTIRA!

**Paso de acción:**

Olvídate del *multitasking*. ¡Concéntrate en hacer una sola cosa a la vez, y hazla con concentración!

# 43
# SIMPLIFICA TU VIDA

**Preguntas poderosas:**
¿Dónde ves un exceso en tu vida?

¿Tienes demasiadas cosas que no utilizas?

¿Tienes la agenda siempre llena?

¿Tienes tiempo para ti mismo y para las cosas que te gusta hacer en la agenda?

¿Cuáles son las tareas más importantes en tu vida diaria (en casa y/o en el trabajo)?

¿Cuál de estas tareas puedes delegar, automatizar o eliminar fácilmente?

# 44
# ¡SONRÍE MÁS!

**Paso de acción:**
Durante los próximos siete días, cada día, ponte delante de un espejo y sonríete a ti mismo durante un minuto. Haz esto un mínimo de tres veces por día, y observa cómo te sientes al cabo de siete días.

# 45
# EMPIEZA A HACER LA SIESTA

**Paso de acción:**
Empieza a hacer la siesta

# 46
# LEE MEDIA HORA CADA DÍA

**Paso de acción:**
¡Haz una lista de los 6 libros que vas a leer en los próximos tres meses! **¡Haz esa lista AHORA!**

1. _____

2._____

3._____

4._____

5._____

6._____

# 47
# EMPIEZA A AHORRAR

**Preguntas poderosas:**

¿En que areas de tu vida puedes gastar menos?

**Paso de acción:**

Pon 10% de tu salario en una cuenta separada cada inicio de mes.

# 48
# PERDONA A TODO EL MUNDO QUE TE HAYA HECHO DAÑO (Y MÁS A TI MISMO)

**Pasos de acción:**

1. Haz una lista de todo el mundo a quien no has perdonado.

2. Haz una lista de todo lo que no te has perdonado a ti mismo.

3. Trabaja con las listas.

**Preguntas:**

¿Cómo sería tu vida si te aceptases como eres sin criticarte a ti mismo?

¿Cómo sería tu vida si pudieses perdonarte a ti mismo y perdonar a los otros?

# 49
# LLEGA DIEZ MINUTOS ANTES

**Paso de acción:**

¡Pruébalo y ve por ti mismo si es algo que añade valor a tu vida o no!

# 50
# ¡HABLA MENOS Y ESCUCHA MÁS!

**Paso de acción:**

Escucha bien. Practica la escucha activa. Concentrate en la persona que tienes delante, escucha hasta que la persona haya terminado y apaga esta vocecita interior que te ofrece soluciones después de 30 segundos.

# 51
# ¡SÉ EL CAMBIO QUE QUIERES VER EN EL MUNDO!

**Preguntas poderosas:**

¿Qué quieres cambiar?

¿Por qué no empezar contigo mismo?

¿Qué harás de manera diferente a partir de ahora?

# 52
# ¡DEJA DE INTENTARLO Y EMPIEZA A HACERLO!

Sólo el "intentarlo" no te llevará a ninguna parte. Estoy de acuerdo con el maestro Yoda: ¡hazlo o no lo hagas!

**Pasos de acción:**

Haz una lista de todo que estas *intentando* hacer ahora mismo. Toma la decision cuales realmente vas a hacer y olvida el resto.

# 53
# EL PODER DE LAS AFIRMACIONES

**Paso de acción:**
Escribe al menos una afirmación que vas a repetir para los próximos 30 días:

1._____

2._____

3._____

# 54
# ESCRÍBELO 25 VECES POR DÍA

**Paso de acción:**
Que vas a escribir 25 veces al día desde hoy hasta que lo tengas.

# 55
# DEJA DE PONER EXCUSAS

**Preguntas poderosas:**

¿Qué vas a elegir a partir de ahora? ¿Excusas o acción enfocada?

¿Qué excusas que utilizas para no cambiar y mantenerte en el mismo lugar?

# 56
# MANTÉN LAS EXPECTATIVAS BAJAS Y LUEGO BRILLA

**Pregunta poderosa:**
¿En que areas de tu vida prometes demasiado y luego tienes dificultades para cumplir tu promesa?

**Paso de acción:**
Esta semana que viene mantén las expectativas bajas … y luego ¡brilla!

# 57
# DISEÑA TU DÍA IDEAL

**Pasos de accións:**

¡Haz que tu día ideal cobre vida! Describe exactamente como será tu día ideal.

¿A qué hora te levantas? ¿En qué tipo de casa vives? ¿Cómo estás de salud? ¿Quién te rodea? ¿Cuál es tu trabajo? Recuerda que ¡NO HAY LIMITES!

Una vez por día, lee tu día ideal en voz alta con entusiasmo. ¡Ponle un montón de emociones!

**Opcional:**

También puedes grabarte leyendo tu día ideal con emoción y escucharlo cada noche antes de dormir.

# 58
# ACEPTA TUS EMOCIONES

**Preguntas poderosas:**
¿Puedes encontrar una emoción negativa?

¿Qué síntomas sientes y en qué parte de tu cuerpo?

¿Cómo te sientes? ¡Sé específico!

**Paso de acción:**
¡Explora!
Permite la expresión de la emoción y analiza que la ha provocado
Recuérdate: Las emociones nos son buenos no malos.
Simplemente son.

# 59
# ¡HAZLO YA!

**Preguntas poderosas:**
¿Qué estás postergando?

¿Eres productivo o sólo estás ocupado?

¿Qué es realmente importante ahora mismo?

# 60
# FÍNGELO HASTA QUE LO CONSIGAS

**Preguntas poderosas:**

¿Qué calidad quieres?

¿Cómo actuarías si ya tuvieses esta calidad?

¿Cómo hablarías, caminarías, te comportarías, etc.?

# 61
# CAMBIA TU POSTURA

**Pasos de acción:**
Mira la charla TED de Amy Cuddy !

Haz la postura de poder 3 minutos por día durante una semana.

# 62
# PIDE LO QUE REALMENTE QUIERAS

**Pasos de acción:**

Haz una lista de todas las cosas que te gustaría tener y por las que no preguntas.

Empieza a preguntar. Trabaja en la lista.

# 63
# ESCUCHA TU VOZ INTERIOR

**Paso de acción:**
Vuelve a leer el capitulo y encuentra maneras de practicar a escuchar a tu voz interior.

# 64
# ESCRIBE EN TU DIARIO

**Paso de acción:**
Contesta las siguientes preguntas cada noche antes de irte a dormir y escríbelas en tu diario.

- ¿De qué estoy agradecido hoy? (Escribe de 3 a 5 elementos.)
- ¿Qué tres cosas me han hecho feliz hoy?
- ¿Qué tres cosas he hecho especialmente bien hoy?
- ¿Cómo hubiera podido hacer el día de hoy aún mejor?
- ¿Cuál es mi objetivo más importante para mañana?

# 65
# ¡DEJA DE QUEJARTE!

**Pasos de acción:**

1) Haz una lista de todas tus quejas.

2) ¿Qué has logrado con tus quejas?

3) Convierte tus quejas en peticiones.

# 66
# ¡CONVIÉRTETE EN "RECEPTOR"!

**Pasos de acción:**

A partir de ahora, sólo di "gracias" por cada regalo o cumplido que recibas (no expliques ni justifiques).

Analiza si tienes una de las cinco conductas mencionadas en el capitulo. Si la(s) tienes, trabaja en ella(s).

Escribe tus pensamientos sobre este ejercicio

# 67
# ¡DEJA DE PASAR TU TIEMPO CON LA GENTE EQUIVOCADA!

**Pasos de acción:**

1. Haz una lista de todas las personas que tienes en tu vida y con quienes pasas tu tiempo (familia, amigos, compañeros de trabajo).

2. Analiza quién es positivo para ti y quién te arrastra hacia abajo.

3. Pasa más tiempo con la gente positiva, y deja de ver a la gente "tóxica" (acusadores, quejicas), o, al menos, pasa menos tiempo con ellos.

4. Elige rodearte de gente positiva que te apoya.

5. Mira el famoso discurso de Steve Jobs en Stanford

# 68
# VIVE TU VIDA

**Paso de acción:**
¿En qué aspecto(s) no estás viviendo tu vida en este momento?

# 69
# ¿QUIÉN ES EL NÚMERO UNO?

**Pasos de acción:**
Utiliza al menos uno de los siguientes ejercicios para aumentar la confianza en ti mismo:

1) El ejercicio del diario del capítulo 64.
2) Haz una lista de todos tus logros y éxitos.
3) Haz una lista de todo que haces muy bien.
4) Ejercicio de espejo (¡cuéntate lo grande que eres enfrente de un espejo! Quizás te sientes raro en el
   inicio, pero te acostumbrarás a ello).
5) Aumenta la autoestima de alguien más.

# 70
# TU MEJOR INVERSIÓN

**Pregunta poderosa:**
¿Qué vas a hacer? ¡Recuerda que los pasitos pequeños también valen!

**Paso de acción:**
Escribe a qué te vas a comprometer en los próximos 12 meses:

**Yo, _____,
voy a leer __ libro(s) al mes,
a escuchar __ CD(s) de aprendizaje o audiolibros por mes y voy a inscribirme a __ formación(es) en los próximos seis meses.**

**Fecha: _____**

**Firma: _____**

# 71
# ¡DEJA DE SER TAN DURO CONTIGO MISMO!

Pasos de acción
**1) ¡Acéptate como eres!**
**2) ¡Perdónate! ¡Ámate a ti mismo!**
**3) ¡Mímate mucho!**

¡Eso es! Fácil, ¿no? ¡Empieza AHORA!

**Preguntas poderosas:**
¿En qué áreas de tu vida eres demasiado duro contigo mismo?

¿Qué beneficios te da ser tan duro contigo mismo?

# 72
# ¡SÉ TU YO AUTÉNTICO!

**Preguntas poderosas:**

1) En una escala de 0 a 10, ¿como cuantificarías tu nivel de autenticidad?

2) ¿Cuantos papeles interpretas?

3) ¿Quién eres cuando estás solo?

4) ¿Cuándo fue la última vez que te sentiste auténtico?

5) ¿Que harás de aquí adelante para convertirte en más autentico?

# 73
# ¡MÍMATE!

## Pasos de acción

Escribe una lista de 15 cosas que puedas hacer para cuidarte, y haz una de ellas cada dos días durante las próximas cuatro semanas. ¡Este ejercicio es verdaderamente milagroso! (Ejemplos: leer un buen libro, ir al cine, un masaje, ver un amanecer, sentarse al lado del agua, etc.) Una vez que empieces a tratarte muy, pero que muy bien, **esto va a obrar milagros en tu autoconfianza y en tu autoestima. ¡Empieza a hacerlo AHORA!**

1_____

2_____

3_____

4_____

5_____

6_____

7_____

8_____

9_____

10_____

11_____

12_____

13_____

14_____

15_____

# 74
# ¡TRATA A TU CUERPO COMO EL TEMPLO QUE ES!

**Paso de acción:**
¿Qué harás ahora para adoptar un estilo de vida más saludable? Apunta al menos 3 cosas:

1.

2.

3.

# 75
# HAZ EJERCICIO AL MENOS 3 VECES POR SEMANA

**Pasos de acción:**
1) Encuentra algunos estudios sobre los beneficios geniales de hacer ejercicio en Internet.

2) ¿Cuándo empezarás a hacer ejercicio?

3) Si piensas que no tienes tiempo, vuelve a los capítulos de gestión del tiempo.

# 76
# TOMA ACCIÓN. HAZ QUE LAS COSAS SUCEDAN

**Paso de acción:**

¿Qué empezarás HOY?

# 77
# ¡DISFRUTA MÁS!

**Paso de acción:**

¡Recuérdate a ti mismo estar más en el momento presente!

*(Mi amigo David lleva el reloj en el brazo derecho. Esto le recuerda volver al momento presente cada vez que busca el reloj en su brazo izquierdo y se da cuenta de que no está ahí.)*

**Pregunta poderosa:**

¿Que puedes hacer para estar mas presente?

# 78
# ¡DEJA DE JUZGAR!

**Paso de acción:**

Haz una lista de lo que te molesta más de los demás. Examínala. Puedes aprender algo de ello. ¿Son características que tienes o has tenido? ¿Son características que quieres?

# 79
# UN ACTO DE BONDAD AL AZAR TODOS LOS DÍAS

**Pasos de acción:**

Comprométete a hacer un acto de bondad al azar cada día durante las próximas dos semanas.

¡Observa lo que pasa, pero no esperes nada a cambio!

Escribe algunas cosas que podrías hacer aquí:

# 80
# SOLUCIONA TUS PROBLEMAS —TODOS

**Preguntas poderosas:**

¿Cómo puedes ser diferente?

¿Qué puedes hacer de forma diferente?

¿Qué puedes hacer TÚ para resolver el problema?

**Pasos de acción:**
1) Haz una lista de todos tus problemas y empieza a trabajar en resolverlos.

2) Examina tus problemas.

3) Busca si hay patrones (¿te vuelven a pasar las mismas cosas una y otra vez?).

# 81
# EL PODER DE LA MEDITACIÓN

**Pasos de acción:**
Empieza a meditar para 5 a 20 minutos al día

# 82
# ¡ESCUCHA TU MÚSICA FAVORITA - CADA DÍA!

**Pasos de acción:**
Escribe tus 5 canciones favoritas de todos los tiempos aquí:

1._____

2._____

3._____

4._____

5._____

Haz una lista de reproducción en tu iPod, móvil u ordenador y la escuchas YA? ¡Venga! ¡Hazlo AHORA!

**Preguntas poderosas**
¿Cómo te sientes después de escuchar tus canciones favoritas?
¿Algún cambio en tu estado de ánimo?
¿Que pasaría si hicieras un hábito diario de esto?

# 83
# NADA DE PREOCUPARSE

**Pasos de acción:**

Haz una lista de tus preocupaciones y categorízalas de la siguiente manera:
1) ¿Cuáles están relacionadas con el pasado?
2) ¿Cuáles están relacionadas con el futuro?
3) ¿Cuáles están fuera de tu control?
4) ¿Cuáles son aquellas ante las cuales puedes realmente hacer algo?

Tacha todas las preocupaciones que están en el pasado, en el futuro y fuera de tu control?
Trabaja en las preocupaciones del punto 4)

# 84
# UTILIZA TU TIEMPO DE VIAJE SABIAMENTE

**Preguntas poderosas:**

¿Vas a utilizar tu tiempo de viaje de una mejor manera?

¿Que vas a hacer?

¿Cuándo empezarás?

# 85
# PASA MÁS TIEMPO CON TU FAMILIA

**Preguntas poderosas:**

¿Cómo vas a encontrar más tiempo para tu familia? (Utiliza los trucos de este libro.)

¿Qué vas a dejar de hacer para encontrar más tiempo?

# 86
# NO SEAS UN ESCLAVO DE TU TELÉFONO

**Paso de acción:**
¡Pruébalo! No seas un esclavo de tu teléfono y utiliza el buzón de voz a tu favor.

# 87
# CÓMO LIDIAR CON LOS PROBLEMAS

**Paso de acción:**
Haz una lista de las problema qué tienes en tu vida ahora mismo a los que todavía no has encontrado la solución. Empieza a trabajar en ellos.

**Preguntas poderosas:**
¿Qué cambiaría si empezases a ver estos problemas como retos o oportunidades? ¿Cómo te sentirías?

# 88
# TÓMATE UN TIEMPO LIBRE

**Preguntas poderosas:**

¿De qué harás menos?

¿Cuando te tomarás un tiempo libre?

**Paso de acción:**

¡Programa un tiempo de relajación en tu agenda ahora mismo!

# 89
# UNA ALEGRÍA CADA DÍA

**Paso de acción:**
Celebra algo cada día: Un trabajo buen hecho en el trabajo. la vida, etc.
(Tómate un tiempo para ti solo, un paseo en la naturaleza con tu pareja, un baño relajante, "día de spa".
Llama a un amigo al que no has llamado en mucho tiempo., llévate a alguien a comer, regálate un masaje.
Tómate una caña etc. ¡Acuérdate de reservar algo de tiempo para los momentos especiales en tu agenda!)

# 90
# SAL DE TU "ZONA DE CONFORT"

**Preguntas poderosas:**
1) ¿Cómo te puedes retar a ti mismo a salir de tu zona de comodidad (¡pequeños pasos!)?

2) ¿Hay algo que te incomode que puedes hacer ahora mismo?

# 91
# ¿QUÉ PRECIO ESTÁS PAGANDO POR NO CAMBIAR?

**Preguntas poderosas:**

1) ¿Estás pagando un precio por hacer lo mismo de siempre?

2) ¿Que es?

3) ¿Que harás para cambiarlo?

# 92
# TODO ES PASAJERO

**Paso de acción:**

Acuérdate de los tiempos difíciles en tu vida, y de cómo saliste de ellos, y quizás hasta encontrarás algo positivo en ellos al cabo del tiempo.

**Ejercicio:**

MAPPING LIFE:

1. Haz una línea de tiempo de tu vida. Desde el nacimiento hasta ahora. Marca todos los eventos claves en tu vida en la línea. Todo y cualquier momento que cambió tu vida (los que han marcado un antes y un después).

2. Escribe los grandes momentos, los éxitos, encima de la línea del tiempo.

3. Escribe los retos, las tragedias, los fracasos por debajo de la línea del tiempo.

4. Examina los eventos que estén bajo la línea, y escribe sus efectos positivos sobre la línea. (Por ejemplo, alguien cercano murió. Un efecto positivo podría ser que ahora valoras más tu vida. O quizás te echaron de un trabajo, y esto te abrió las puertas a un trabajo aún mejor que tienes ahora, o has encontrado pareja, etc.)

# 93
# ¡CONTRATA A UN COACH!

**Paso de acción:**
Si tienes alguna pregunta contáctame a marc@marcreklau.com
o solicita una sesión de Skype de 30 minutos conmigo

# 94
# ¡VIVE TU VIDA PLENAMENTE! ¡HAZLO AHORA!

**Paso de acción:**

**Haz las cosas que siempre has querido hacer AHORA MISMO. ¡Planifica AHORA!**

Haz una lista de 5 cosas que siempre has querido hacer, y ponles una fecha:

1. _____ **Fecha:** _____

2. _____ **Fecha:** _____

3. _____ **Fecha:** _____

4. _____ **Fecha:** _____

5. _____ **Fecha:** _____

# Notas:

MARC REKLAU

MARC REKLAU

www.ingramcontent.com/pod-product-compliance
Lightning Source LLC
Chambersburg PA
CBHW071220280526
45787CB00002B/742